lecturas modernas

NIVEL 3

Pachamama, la tierra madre

Lina Gutierrez

CB053014

Con R.O.

SANTILLANA
ESPAÑOL

Estás en el aeropuerto de Lima, a bordo de un avión que va a Cusco, en Perú.

Del Perú has escuchado que Machu Picchu es la Ciudad Perdida de los incas. Te vuelve a la memoria la canción "El cóndor pasa" y reconeces que esos suéteres coloridos de lana de llama y de alpaca son de allí.

Vas a iniciar uno de los viajes más emocionantes que hayas hecho alguna vez por un país sudamericano. Serán 15 días de viaje, a lo largo del cual tendrás que tomar decisiones y responder a cuestiones relacionadas a tu recorrido y a diferentes aspectos de la vida cultural, histórica y social de este país andino, con el objetivo de ganar premios que serán los recuerdos de tu jornada.

Cuando contestes o tomes alguna decisión encontrarás al final del libro las respuestas y en las fotos sabrás qué has ganado.

¡Prepárate!, y que tengas un buen viaje.

Lo que más te intriga en Perú es Machu Picchu, pues sabes que esa extraordinaria fortaleza fue construida por los: **1**

a egipcios.
b romanos.
c incas.

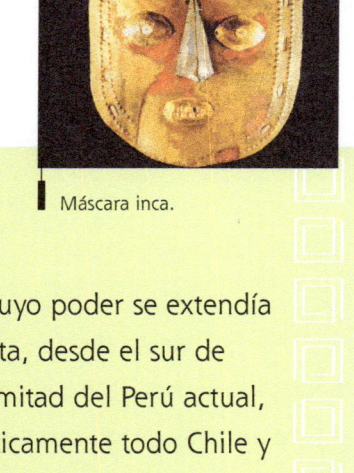

Máscara inca.

Su imperio era una cultura rica y próspera, que tuvo alrededor de 15 millones de habitantes y cuyo poder se extendía por 5 mil kilómetros en línea recta, desde el sur de Colombia, casi todo el Ecuador, mitad del Perú actual, la parte oriental de Bolivia, prácticamente todo Chile y una parte de Argentina. Este imperio era una de las civilizaciones más ingeniosas del pasado pero, aunque un poco desfigurada por la colonización española, aún hoy en día se puede ver mucho de su inteligencia en sus trabajos en oro, piedra y plata, en sus sistemas de irrigación, acueductos y técnicas de agricultura, prácticas de medicina, estudios astronómicos y cálculos de ingeniería, aun sabiendo que fue una civilización que nunca dejó ningún registro escrito.

Ahora que ya presentaste el documento y el pasaje en el mostrador de la compañía aérea en el aeropuerto, revisas en tu maletín el dinero, los documentos y la cámara fotográfica.

Ya estás a bordo. De pronto ves a unas: **2**

a azafatas
b peluqueras
c cocineras

Adorno de cabeza.

haciendo unos gestos. Ellas enseñan a usar el equipo de emergencia del avión.

Te das cuenta de que el avión va a despegar y justo cuando menos lo piensas ya estás en el aire, volando como un pájaro hacia el este a través de las montañas. Por las ventanillas te sorprendes con los paisajes que vas viendo.

Inicias tu viaje en Lima, en la costa del Pacífico, y vislumbras uno de los más secos desiertos de la Tierra. Tras ascender a las montañas que rodean la ciudad, ves la imponente cordillera de los Andes, de hasta 4800 metros, y entre desolados y abiertos llanos donde vive el puma logras ver ríos cruzando valles, campos nevados, la cordillera Blanca, de 5 mil metros de altura. Cruzas bosques en las montañas envueltos en espesas nieblas y largos cañones, y más hacia el sureste alcanzas los altos picos de la cordillera Vilcabamba entre misteriosas junglas. Has viajado menos de 500 kilómetros siguiendo el vuelo del cóndor, desde casi el nivel del mar hasta las nubes, a través de reinos ecológicamente variados y siguiendo a lo largo de gargantas montañosas que se hunden hasta profundos abismos allá abajo.

Al fin llegas a tu destino: Cusco, la antigua capital del Imperio, que fue diseñada con la forma de: **3**

a una serpiente,

b un puma,

c un cóndor,

símbolo sagrado de fuerza y poder. Antes de aterrizar ves que su silueta todavía es visible en el corazón de la ciudad moderna como lo viste en un plano antiguo de esta, en una enciclopedia.

El aeropuerto está a 3 kilómetros de la ciudad. Cuando sales de allí con tu equipaje, coges uno de los cómodos microbuses que te llevan hacia el centro. Son más baratos que los taxis.

"El ombligo del mundo", como era llamada Cusco por los indígenas, es una ciudad a 3400 metros sobre el nivel del mar y tiene alrededor de 300 mil habitantes.

Notas que la mayoría de las calles centrales están alineadas con las paredes de piedra construidas por esos indígenas, las cuales ahora forman los cimientos de edificios coloniales o modernos.

Caminas por calles estrechas, inclinadas y llenas de gente, turistas de todo el mundo, mochileros, estudiantes hablando todas las lenguas, y también ves que la población local, descendiente de los primeros fundadores, habla, además del español, el: **4**

a mandarín.

b quechua.

c guaraní.

Cuchillo inca.

Completa el párrafo con las siguientes palabras: **5**

hombres	mujeres	niños

Observas (a) _____ bajas de pelo negro y largo cogido en trenzas con sus vestidos y mantos coloridos, (b) _____ de cara redonda y colorada, algunos descalzos, otros con sandalias que, curiosos, se te acercan para venderte alguna cosa y (c) _____ de mirada dura y fija que llevan sombreros y ropas también coloridos.

Detalle de dibujo inca en tela de pellica.

El corazón de la ciudad de Cusco es la plaza de Armas con la avenida del Sol, la principal zona comercial, y hacia allí vas en búsqueda de un hostal para hospedarte. Al caminar por dos o tres cuadras al norte o al oeste de la plaza, te das cuenta de que las calles han cambiado muy poco durante los siglos —en muchas no circulan coches.

Muy cerca, en una calle peatonal entre la plaza del Tricentenario y la calle Huaynapata, tienes una gran vista de la plaza de Armas. Algunos nombres de calles han sido cambiados del español a la ortografía de la lengua original —Cusco es Qosco, Cuichipunco es K'uychipunko, etc.—, pero por suerte todos los mapas que están a disposición en las oficinas de turismo aún conservan la antigua ortografía y mucha gente todavía la usa. Rápidamente aprendes que la plaza de Armas, conocida como Huacaypata, significa "plaza del guerrero" y hacia allí te diriges.

La ciudad está situada en un valle, en las laderas occidentales de los Andes de nevadas cimas a 3300 metros sobre el nivel del mar. Estás cansado(a) y buscas un hostal. Hay dos opciones: el Hostal Chaski, en la plaza de Armas (habitación individual a 2,50 dólares y doble a 4 dólares; habitaciones con baño privado pagando 1 dólar extra, y algunas con agua caliente disponible), y, más seguro que el primero, el Hostal Loreto, en el callejón del mismo nombre, saliendo de la plaza (las paredes de algunas habitaciones son incas; habitación individual a 10 dólares y la doble a 12 dólares con baño incluido, toallas y agua caliente).

Ordena el diálogo que tienes con el recepcionista del hostal: **6**

a No, lo siento. Pero hay buenos restaurantes cerca de aquí.

b ¿Con baño o sin baño?

c Hay algunos restaurantes a lo largo de la calle Plateros que sirven pescado, pollo y carne con quizá una pequeña selección de los más tradicionales platos. El Pucará, con platos entre 3 y 6 dólares, es el más caro de la cuadra, pero de lejos es el mejor.

d ¿Cuál me recomienda?

e Con baño. ¿En el precio de la diaria está incluida alguna comida?

f Buenas noches. Quería una habitación individual, por favor.

g ¡Buenas noches!

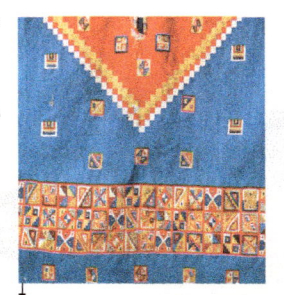

Detalle de bordado en poncho inca (1380-1520).

Reservas la habitación y vas al restaurante que te ha recomendado el recepcionista; cenas y regresas al hostal. Te acuestas.

Al día siguiente, te despiertas temprano, te levantas, te bañas y te preparas para visitar algunos puntos turísticos.

Cuando sales del hostal notas que la plaza está rodeada por hermosas arquerías de piedra coloniales, por la Catedral y por la Iglesia de la Compañía de Jesús. Dos banderas arquean a los lados de la plaza: la bandera roja y blanca del Perú y la bandera del arco iris de Tahuantinsuyo, las cuatro regiones del Imperio inca. Descubres que por el callejón de Loreto, una tranquila y encantadora calzada, puedes entrar o salir de la plaza siempre entre muros incas construidos a ambos lados.

Desayunas en La Yunta, cerca de la Catedral, donde sirven jugos, torta, café y comidas dietéticas, y que es muy popular entre los viajeros, pues ves a muchos de ellos allí.

Luego te diriges a la oficina de información turística que queda en la plaza de Armas en la esquina de la calle del Triunfo y allí te informas de algunas ventajas del billete de turismo.

Intenta encontrar el final correcto para el inicio de cada frase: **7** (Ejemplo: **1b**)

Inicios

1. Con el billete de turismo puedes visitar 14 lugares de interés...

2. El billete es válido solo por 5 días pero se puede...

3. El billete cuesta 10 dólares y estudiante...

4. El billete puede ser comprado...

Finales

a en cualquier de los sitios turísticos que se pueden visitar, que son: la Catedral, Santo Domingo y Coricancha, San Blas, el Museo de Historia Regional y el Museo de Arte Religioso. Es también válido para Sacsayhuamán, Qenqo, Puca Pucara, Tambomachay, Pisac, Chinchero, Ollantaytambo y Piquillacta.

b dentro y alrededor de la ciudad.

c prorrogar por hasta 10 días en la oficina de turismo.

d gana un 50% de descuento.

Objeto de ritual inca.

Con el billete puedes visitar tan solo una vez cada lugar. Otros museos, iglesias y edificios coloniales dentro y fuera de Cusco pueden ser visitados gratuitamente o pagando una pequeña tasa de administración.

Compras el billete y decides entonces conocer lo que está más cerca. Empiezas por la Catedral, ahí mismo en la plaza. Entras y lees en un letrero a la entrada que iniciaron su construcción en el año 1560 y la terminaron en 1669, y que su arquitectura tiene influencia gótica, barroca y del renacimiento manierista. Luego, después de leer, notas que hay una bóveda y al observarla mejor te das cuenta de que contiene unas reliquias. Son de alguien. Estás curioso.

¿Cómo le preguntas al guía? **8**

a ¿De quién es?
b ¿De quién son?

Estatuilla en cerámica (1430-1532).

"Son del historiador inca Garcilaso de la Vega", te contesta el guía. Ahora lee un poco de su biografía y encaja las palabras que faltan: **9**

princesa	Nacido	costumbres	indígenas	conquistador

(a) _____ en Cusco en 1539, hijo de un (b) _____ español y una (c) _____ inca, conocía las (d) _____ y la lengua (e) _____.

En el interior de la Catedral ves un púlpito de madera tallada y una sillería del Coro impresionantes, además de una colección de lienzos de pintores de la Escuela Cusqueña y bellas piezas de orfebrería.

"La Escuela Cusqueña se caracteriza por representar rubios niños rollizos, arcángeles armados, ángeles con alas doradas, vírgenes atormentadas, profusión de oro y dorado en las representaciones y en los marcos, apacibles paisajes", informa el guía.

Detrás de la sacristía ves la crucifixión y al lado una enorme pintura de la Última Cena, donde se puede ver retratado el exquisito conejillo de Indias asado, un típico plato inca. El Altar Mayor lo ves cubierto de plata repujada, la Custodia con oro cubierto de perlas, esmeraldas y brillantes con un dragón de esmeralda de una sola pieza y el Coro con sillería de doble fila, de tallado delicado y fino.

Cuando sales de allí te sientes desconcertado al ver esta mezcla de motivos indígenas con la influencia europea, entonces al sentir una mano en el hombro, te volteas y miras a un anciano indígena que te observa. Es el portero. Él te explica que en este lugar, antes de la Catedral, estaba el templo de Viracocha y que la edificación del gran y suntuoso templo duró 94 años. De pronto su mirada profunda, dulce y sabia te invade por completo, quieres saber más de Viracocha y de los incas... entonces, al saber que su turno en la Catedral se ha terminado, lo contratas como tu guía particular y se van juntos a la Iglesia de la Compañía de Jesús, que está muy cerca de ahí.

Al entrar te sorprende encontrar una iglesia más lujosa y a la misma altura de la Catedral, con una increíble fachada y su conjunto de altares barrocos sobredorados, esculturas, lienzos, entre otras cosas. El guía te cuenta que ella "fue edificada sobre el palacio del inca Huayna-Cápac, ha sido destruida por algunos terremotos y reedificada con más lujo todavía".

Tras esta información, el guía te cuenta algunos eventos históricos.

- En 1524, cuando el imperio de los incas estaba en la cúspide de su gloria, llegaron a la corte del Sapa Inca rumores de acontecimientos extraordinarios. "Fortalezas flotantes" habían navegado a lo largo de la costa norte, llevando a unos extranjeros de piel blanca y pelo en el rostro, que fueron llamados "los barbudos".
- La noticia fue inquietante para muchos. El propio Sapa Inca, un gran guerrero llamado Huayna--Cápac, había visto el peligro y predicho que un día los extranjeros amenazarían su trono.
- Al cabo de uno o dos años el Sapa Inca y su probable heredero estaban muertos.
- Aunque es imposible determinar con exactitud la enfermedad que se llevó sus vidas, es probable que fuera la viruela, introducida en las Américas por los conquistadores.
- Adelantándose a los conquistadores, esa enfermedad alcanzó a las poblaciones nativas incluso en territorios que los españoles todavía no habían explorado, y probablemente llegó a la parte occidental de Sudamérica en 1525, procedente del Caribe vía Venezuela y Colombia, donde los europeos ya habían puesto el pie.
- La enfermedad se extendió tan rápidamente entre los incas, que no tenían inmunidad contra ella, que sus ejércitos se vieron diezmados y familias enteras murieron.

Al verte conmovido y un poco aturdido por esta triste historia, el guía te dice que te mostrará algo fabuloso.

Saliendo de la plaza a través de la calle Triunfo, encuentran la calle Hatunrumiyoc, donde está ubicado el Museo del Palacio Arzobispal, antes Palacio Hatunrumiyoc, que pertenecía a Inca Roca (séptimo Inca).

Por fuera, el muro principal está inclinado hacia dentro, y es de muy fino acabado, con grandes bloques pétreos; a la derecha, a medio camino de la segunda cuadra, ves a un pequeño grupo de indígenas vendiendo recuerdos cerca de una gran piedra mundialmente conocida como: **10**

a la piedra filosofal.
b la piedra piramidal.
c la piedra de los doce ángulos.

Tela inca representando a un dios (1100-1476).

Te acercas para apreciarla mejor. El bloque encaja tan perfectamente como si fueran piedras de un rompecabezas en cuyas juntas ni un cuchillo puede penetrar. El guía te explica que para enfrentar los terremotos en Perú los incas construyeron en el muro una hilera de pequeñas piedras en su base y una grande, la de los 12 ángulos, en la mitad para que, en caso de haber un terremoto, las de abajo temblaran sin desequilibrar la base y la más grande se encargara de mantener las otras juntas a su alrededor. Este es un ejemplo clásico de construcción poligonal. En la ingeniería, cuanto mayor el número de ángulos mayor será el poder de sustentación. "Los incas eran hábiles ingenieros", piensas maravillado.

Está atardeciendo y empiezas a sentir los efectos del "soroche", palabra cuyo significado es: **11**

a hipersensibilidad intensa acompañada de una explosión de energía y sensación de alivio corporal.

b disentería crónica acompañada de escalofríos y fiebre.

c falta de oxígeno acompañada de náuseas y dolores de cabeza.

Escultura de Viracocha, dios de la lluvia, creador del Sol y de la Luna en el lago Titicaca.

Recuerdas que no has almorzado aún, cada aliento se convierte en un laborioso jadeo, tu piel se cuartea en el aire seco, y los dedos de las manos y de los pies se te están poniendo rígidos en el frío. ¿Qué haces? **12**

a Sales corriendo a buscar la primera farmacia que encuentres.

b De la mano del amable anciano vas a un restaurante en la plaza, donde tomas un té y descansas.

Sombrero tenzado con plumas.

El Restaurante Do-Re-Mi está en el tercer piso del Portal de Panes, con una linda vista de la plaza. Hay un espectáculo en la cena cada noche, a las 8:00. Las comidas cuestan alrededor de 5 dólares —un buen precio, considerando el entretenimiento. Allí decides cenar y pides un *sancocho* —una sopa con papas, legumbres y carne cocida. Vuelves al hostal y te acuestas.

Al día siguiente, un sol brillante y caluroso entra por la ventana de tu habitación y te despierta de un sueño pesado. Has dormido bien y te sientes renovado. Asomas la cabeza hacia la plaza y ves que está más llena de lo normal. Parece que la muchedumbre de turistas se había citado en la plaza.

Estás muerto de hambre.

Ordena el diálogo que tienes con el recepcionista del hostal: **13**

a Sí, el mal de alturas. Pero luego se le pasa; beba mucha agua, ande siempre despacio y aliméntese bien.
b Anoche estuve algo descompuesto.
c Buenos días. No muy bien.
d ¿Soroche?
e Muchas gracias por sus recomendaciones. Las seguiré. ¡Hasta luego!
f Ah, sí. El soroche.
g ¿Por qué? ¿Qué le ha pasado?
h Buenos días, ¿cómo le ha ido?

Detalle de jeroglíficos incas en Perú.

El Café Samana, en la plaza Nazarenas, tiene una buena y barata selección de yogures, postres y tortas. Vas hacia allá.

Al salir del hostal, te encuentras en la plaza de Armas, delante de la Catedral, pero no sabes cómo llegar a la plaza Nazarenas. Ves a una chica morena y le preguntas cómo llegas.

Completa el diálogo con las siguientes palabras: **14**

hasta	nada	Oye	cerca	está	Sigues

—(a) _____, perdona. ¿Sabes dónde
(b) _____ la plaza Nazarenas?

—Sí, muy (c) _____ de aquí.
(d) _____ por la calle Tucumán
(e) _____ el final.

—Gracias.

—De (f) _____.

Jarrón inca en madera (1438-1533).

Cuando llegas a la plaza te das cuenta de que en verdad el café está casi al final de la cuadra en la calle del mismo nombre que sale de la plaza a tu derecha.

Plaza de Armas, Cusco, Perú.

Cuando terminas tu desayuno, decides andar un poco y volver a la plaza por la calle paralela a la que viniste, cuyo nombre inca te suena bien: Huaynapata.

Mientras caminas, te diviertes con los nombres de las calles que vas encontrando: **Purgatorio**, **Ataúd**, **Resbalosa**, cuyos respectivos significados son: **15**

a caja grande en que se conducen los difuntos hasta el cementerio;

b lugar o estado en que las ánimas se encuentran pagando por sus pecados graves ya perdonados o por sus pecados veniales;

c que resbala facilmente por falta de firmeza.

Estatuilla en cerámica de deidad inca con sombrero en forma de luna y ropa adornada con maíz y calabaza.

Luego sales a un callejón con muchos bares, pizzerías, restaurantes y cafeterías. Te llama la atención la cantidad de mochileros que encuentras: gente morena, rubia, negra, trigueña, mestiza, de todo el mundo. "Este es un buen lugar para conocer personas", piensas. Entonces alcanzas a distinguir un brazo que te saluda entre la multitud. Cuando te acercas, reconoces a la chica morena de la plaza. Ella está con dos amigos: una chica rubia llamada Sofía y un chico pelirrojo y alto llamado Hans. Son todos mochileros y se acaban de conocer. La chica morena se presenta: se llama Alicia y es española. Sofía es italiana y Hans es holandés. Son todos muy simpáticos y divertidos.

"¿Cuándo llegaste?", te pregunta Alicia.

"Hace dos días, pero no he podido conocer mucha cosa todavía", le contestas.

"Nosotros hemos llegado hoy y estamos dispuestos a conocer las ruinas de los alrededores antes de comenzar la gran fiesta. ¿Quieres venir con nosotros?", te pregunta ella con evidente entusiasmo.

"Sí, por supuesto, pero ¿a qué fiesta se refieren?"

"¿No lo sabes? ¿No has notado que la ciudad hierve de tanto gentío?", te lo pregunta Hans sorprendido.

"Es la fiesta inca del Inti Raymi, que se celebra todos los años el 24 de junio. Por eso estamos aquí", dice Sofía.

"¿Y dónde se celebra esta fiesta, en alguna discoteca?", preguntas.

Todos se ríen.

"Ya lo sabrás", dice Alicia, mientras le pagan los refrescos al mesero y salen del callejón Procuradores, apodado de "callejón Gringo".

Hay cuatro ruinas cerca de Cusco: Sacsayhuamán, Qenqo, Puca Pucara y Tambomachay. Necesitas el billete de turismo para visitarlas. Como ya lo tienes no hay por qué preocuparte. Sin embargo, te enteras que para ver la fiesta hay que pagar 20 dólares, pero Hans te tranquiliza diciendo que podrán ver el espectáculo gratis, sentados en las piedras de las ruinas.

Vas a leer unas informaciones sobre las ruinas de Qenqo, Puca Pucara y Tambomachay. Habrá una palabra en una afirmación de cada sitio que es falsa. Encuéntrala. **16** (Ejemplo: Qenqo, b – Luna)

Qenqo

a Está compuesto por dos grandes rocas (Qenqo Grande y Qenqo Chico), labradas con diferentes inscripciones. De ahí su nombre, que significa "laberinto", "zigzag", "torcido".

b Era un santuario, huaca o Intihuatana (lugar de adoración a la Luna en rito relacionado con el solsticio).

c Por fuera posee unas canaletas zigzagueantes que habrían servido para verter y conducir chicha (una bebida alcohólica) o sangre durante los ritos y, por dentro, mesas labradas en piedra para sacrificios humanos o de animales.

Puca Pucara

a Posee varios recintos, plazas interiores, baños, ofurós y torres.

b Su construcción es de menos acabado que otras, por lo que se supone que cumplía funciones netamente militares.

Tambomachay

a Todas las piedras de la construcción son de forma irregular, perfectamente ensambladas, y todas las paredes inclinadas hacia dentro, característica de la cultura inca.

b Sus acueductos surten de agua a los baños todo el año, llevando siempre la misma cantidad de líquido, ignorándose hasta el momento de donde proviene.

c Era un lugar de reposo aparentemente construido por el Inca Tupac Yupanqui. Construido en las laderas de un cerro, posee tres niveles, unidos por escalinatas, ascensores y corredores.

Jarrón inca en madera, para bebida (1532).

Te despides de tus amigos en la plaza de Armas, y te quedas de encontrarte con ellos más tarde, allí mismo, cerca de la medianoche. Apenas está anocheciendo, han visitado todas las ruinas excepto Sacsayhuamán, pues la fiesta del Inti Raymi culmina allá. Vuelves al hostal, te bañas y duermes unas cuantas horas, pues sabes que la fiesta empieza al amanecer.

Durante años, cada vez que el solsticio de invierno (año nuevo solar) llegaba hasta las tierras del gran imperio inca se llevaba a cabo la gran ceremonia del Inti Raymi, festividad con la que el pueblo inca le rendía culto al Sol.

Históricamente, la ceremonia del Inti Raymi consistía en una iniciación para los jóvenes incas que deseaban obtener su *wara* (especie de calzón o taparrabos que usaban los guerreros incaicos).

Escena de la conmemoración de la fiesta Inti Raymi.

Vas a leer algunas pruebas a que eran sometidos esos jóvenes. Encuentra los finales adecuados para cada comienzo de frase: **17**

Inicios

1. En las manos de maestros conocidos como *amautas* (hombres sabios)...

2. A los 16 años, los muchachos tenían que pasar una serie de arduas pruebas que demostraban...

3. Estos exámenes duraban un mes y eran realizados al aire libre...

4. Los participantes tenían que ayunar durante seis días a base de hierbas y agua y luego...

5. Eran golpeados fuertemente en los brazos y piernas con varas de caña para comprobar su resistencia al dolor...

6. Para celebrar el éxito de su rito de iniciación, los graduados eran honrados en una ceremonia que presidía el propio emperador...

Finales

a sus conocimientos, su fuerza, su habilidad y su valor.

b y el que manifestara alguna señal de sufrimiento era expulsado sin piedad.

c los estudiantes aprendían religión, geometría elemental, historia, táctica militar y oratoria.

d que, con una espada de oro, les perforaba los lóbulos de las orejas para ponerles grandes discos.

e correr siete kilómetros.

f para que todo el mundo pudiera verlos.

Máscara de cobre (siglo XV).

Te levantas antes del amanecer, te encuentras con tus amigos y juntos van hacia la Iglesia de Santo Domingo, construida sobre los cimientos de Coricancha o Qorikancha, y junto a una gran multitud esperas bajo las sombras de la noche que los primeros rayos de sol aparezcan por el horizonte. Era así que los incas renovaban sus votos con el Sol y le agradecían por las buenas cosechas. Luego se realizaba el sacrificio de una llama y comenzaba la celebración que actualmente es solo una representación teatral de aquellos tiempos y se realiza en quechua, con traducción al castellano.

Usa las siguientes palabras para completar este texto sobre las ruinas de Coricancha y la Iglesia de Santo Domingo: **18**

beso	jardín	frailes	rituales	Inquisición	oro

1. Estas espléndidas paredes, sobre las que los (a) _____ dominicanos edificaron su iglesia y monasterio, pertenecieron en su tiempo al santuario más sagrado del imperio inca: el Templo del Sol, dedicado a Inti, la suprema deidad.

2. En el templo principal se realizaban (b) _____ diarios honrando al dios, celebrados por los sumos sacerdotes y las enclaustradas mujeres a las que los españoles apodaban "Vírgenes del Sol".

3. Al despuntar cada día, los devotos de Inti lanzaban al Sol naciente un (c) _____ ceremonial, conocido como *mocha*.

4. Había una imagen del Sol, de gran tamaño, hecha de (d) _____ , hermosamente grabada y con muchas piedras preciosas incrustadas. El portal y las puertas también estaban cubiertos con láminas de este metal.

5. Había un (e) _____ en el que la tierra tenía terrones de oro fino, y que estaba artísticamente plantado con el tallo, las hojas y las mazorcas de maíz hechos de oro.

Utensilio en forma de mazorca de maíz.

6. Los españoles arrancaron 700 placas de oro solo de las paredes. Tras saquear sus riquezas, los conquistadores entregaron el cascarón vacío a los dominicanos, la poderosa orden religiosa que había administrado la brutal (f) _____ española.

Alicia, Hans y Sofía te van explicando el significado de cada escena, pues ya han venido varias veces a Cusco y lo saben todo de memoria. *"Entran los sacerdotes incas y las Vírgenes del Sol para venerar al Sol en el Coricancha"*.

Los *chaskis* (mensajeros del emperador) anuncian el inicio del Inti Raymi, inmediatamente hacen su aparición los *harawis* (músicos), para marcar el desfile del Ejército imperial y del séquito real. Te impresiona la seriedad con que los actores actúan. El vestuario es impecable, muy colorido y dorado, todo es hermoso y hay un aire de dignidad y de nobleza tan fuerte que parece que nadie respira. El silencio es impactante, todo es tan real que parece transportado a aquella época. Hipnotizado, fijas tu mirada en el inca que dirige la ceremonia.

Las siguientes palabras están relacionadas con este retrato robot del Sapa Inca. Identifícalas con sus respectivos párrafos: **19**

hábitos   viajes   trabajo   vestuario
amor   sociabilidad   familia

a El Sapa Inca era el vértice, el principio organizador dominante del gobierno inca. Como descendiente del dios Sol, gobernaba por derecho divino. La opulencia y la reverencia rodeaban a su persona. Celebraba sus audiencias —generalmente oculto detrás de una pared— sentado sobre un taburete bajo situado sobre una plataforma elevada, una especie de trono y asiento judicial combinados.

b Su comida era servida en platos de oro y plata. Debía serle traída y colocada sobre una esterilla a sus pies. Una sirvienta sostenía cada uno de sus platos mientras comía; otra extendía las manos para atrapar su escupitajo si se engasgaba. Los restos de su comida y de sus ropas —desechadas tras habérselas puesto tan solo una vez— eran guardados y quemados ceremonialmente al final del año.

c Llevaba una corona multicolor llamada *llautu*, una trenza de la anchura de un dedo que rodeaba cuatro o cinco veces su frente.

d Cuando el emperador viajaba para inspeccionar su imperio, no lo hacía caminando como toda gente, sino que era llevado en una litera de oro con joyas incrustadas, acompañado por un séquito que podía llegar a ser de miles de personas.

e Nadie permanecía nunca de pie en la presencia inmediata del emperador, mirándole directamente, sino que volteaban sus cabezas y sus hombros hacia un lado. Incluso los nobles se le acercaban con humildad y descalzos.

f Por tradición, el emperador tenía derecho a un harén de cientos de concubinas, que le servían como esposas secundarias. La emperatriz, o coya, sin embargo, procedía de los rangos de las hermanas del Sapa Inca. Puesto que era de sangre real y una heredera del Sapa Inca, la coya validaba el derecho de su esposo al trono.

g El emperador seleccionaba a su heredero de los hijos que tuviera con la coya. Lo elegía sobre la base de la competencia aparente, y a veces cambiaba más tarde de opinión.

Máscara de cobre (siglo XV).

Ves que el inca saluda al dios Sol con un canto y luego invita a todo su pueblo a participar de la ceremonia. Inmediatamente después del canto esperan en silencio que amanezca y cuando salen los primeros rayos se entona el Himno al Sol, o Intinapaykuy. Luego al compás de la música, el Ejército imperial marca el paso y todos salen de la plazoleta Santo Domingo, o Intipampa, hacia la plaza Mayor, o Huacaypata, por el callejón Loreto. Pasan justo al lado del hostal donde estás hospedado y llegan a la plaza. Allí la "princesa inca" es paseada y el inca saluda a su pueblo a su paso rumbo a Sacsayhuamán, el principal centro de adoración.

> "El inca y su séquito, las mujeres escogidas escoltadas por soldados, los guerreros y los pobladores de zonas alejadas hacen su ingreso a la explanada de Sacsayhuamán y allí todos depositan ofrendas".

Tus amigos y tú se instalan en una gran piedra desde donde pueden seguir cada detalle de la ceremonia.

> "El inca baja de sus andas y se dirige a un pórtico pétreo. Allí unos sacerdotes le llevan unos panecillos hechos de maíz en unas cestas. El sumo sacerdote los bendice y los mezcla con la sangre de la llama sacrificada; luego pide que el inca se sirva su porción del alimento sagrado, y él también lo hace, al igual que los demás miembros del séquito y participantes del teatro, rompiendo así un ayuno de tres días".

Estás ansioso: algo va a ocurrir; el corazón se te dispara.

> "El inca toma en sus manos un vaso de oro lleno de chicha sagrada y lo ofrece a su padre, el Sol, como muestra de amor filial. Después lo vierte a la Pachamama, la Tierra Madre, para que el líquido llegue a Coricancha; a su vez, toma un vaso de plata, también lleno de chicha, lo brinda al Sol y bebe. Después se sirven vasos a su séquito y a las delegaciones que han venido para que participen del rito".

En ese momento ocurre lo más emocionante: el inca pide que el público festeje y se produce en las ruinas una eclosión popular. El recinto es inundado por música y cuando el inca baja a la explanada todos los participantes de la representación, incluso el público, se integran a ellos, desplazándose por toda la explanada. Así termina la fiesta del Inti Raymi.

Para obtener más información sobre Sacsayhuamán, pon los siguientes párrafos en el orden correcto: **20**

a cuestionan la imaginación humana para explicar cómo fueron trasladados y colocados en dicho lugar. En los tiempos de la conquista española no se lo concebía como una tarea humana, llegándose a afirmar, como lo hizo el cronista Garcilaso de la Vega, que "era obra del demonio y del arte del encantamiento".

b significa "jaspeado", por lo que se interpreta también que significaría "halcón jaspeado". El complejo arquitectónico de Sacsayhuamán fue diseñado y lo empezaron a construir en tiempos del inca Pachacutec, aproximadamente

c Sobre qué exactamente fue este complejo, todavía no se sabe. ¿Habrá sido una fortaleza? Sin embargo, de acuerdo con la información de los cronistas y de investigaciones posteriores, también se cree que fue un adoratorio solar, una ciudad refugio, un templo consagrado al rayo o un monumento simbólico del poder militar inca.

d Sacsayhuamán significa, en quechua, "sáciate halcón". El halcón era un ave a la cual los incas estaban unidos de forma supersticiosa. El sonido "sacsa" también

e en 1460. Al morir este inca, su hijo, Tupac Inca Yupanqui, lo prosiguió y probablemente su sucesor, Huayna-Cápac, lo concluyó en los primeros años del siglo XVI. Es uno de los mayores y más sorprendentes monumentos incas, pero actualmente solo se ve un

f 20% de la estructura original, pues los españoles desarmaron muchos muros usando sus piedras para construir sus propias casas. Sus gigantescos bloques pétreos, algunos pesando más de 300 toneladas, sobre todo en su primer nivel,

Vaso de plata (1470-1532).

Al terminar la celebración, recorres eufórico la explanada. Ves cimientos de 3 torreones que podrían haber servido como reservatorios de agua o puntos de almacenaje de armas —uno tiene base cuadrada; el otro, base circular; y el último, rectangular. Parece que todo era intercomunicado, pues además de las ventanas y puertas notas que había muchos pasadizos subterráneos que actualmente no se pueden recorrer porque están interrumpidos.

Sacsayhuamán tiene tres niveles. En el primero es donde están las piedras más grandes y en el último las más pequeñas. Se llega a esos niveles por escalinatas y hay puertas por donde se entra a diferentes sectores. Las rocas de la construcción son sorprendentemente bien pulidas y ensambladas a la perfección. Observándolas

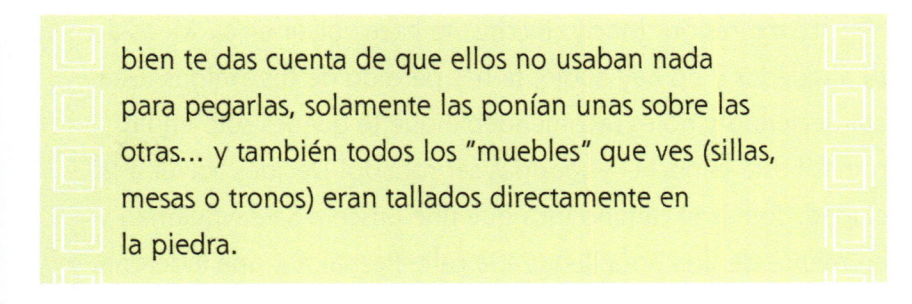

bien te das cuenta de que ellos no usaban nada
para pegarlas, solamente las ponían unas sobre las
otras... y también todos los "muebles" que ves (sillas,
mesas o tronos) eran tallados directamente en
la piedra.

Recuerdas una historia que te contaron sobre ese sitio, que fue uno de los últimos lugares de la resistencia inca, y como en una visión mágica ves a miles de incas asediando a una centena de españoles dentro de unas casas con techo de paja en Cusco, arrojándoles piedras al rojo vivo. Ves a los españoles, desesperados, saliendo casi asfixiados de los "recintos de fuego", pidiéndoles a sus superiores para suspender la batalla y obteniendo un "no" como respuesta. Ves a los incas, desde el fuerte de Sacsayhuamán, en las colinas, usando sus hondas o *huaracas* para lanzar piedras del tamaño de un huevo a distancias de 30 metros, también sus jabalinas, que eran como unas lanzas, y las boleadoras, que eran tres piedras unidas a tiras de tendones de llama que se enredaban en las patas de los caballos y los hacían caer con jinetes y todo. Consiguen matar a Juan Pizarro, el hermano de Francisco Pizarro, el conquistador. Ves a los españoles lanzando su caballería contra el fuerte y escalando las murallas, arrinconando a los defensores al mando de Manco Inca al interior de las torres, y que, no obstante las provisiones escasas y el desánimo de sus hombres, consigue mantener el sitio a la ciudad durante un año, al cabo del cual se retiran a las zonas salvajes para organizar la resistencia desde allí.

La expresión "Machu Picchu" te hace volver en sí. Miras a tu alrededor y no hay nadie; te has perdido de tus amigos. Está atardeciendo y no es recomendable que te quedes solo en las ruinas hasta la noche —¡podrías ser robado! Decides volver a la ciudad. Tomas el camino inca que une Cusco a Sacsayhuamán y en menos de una hora llegas a la calle Resbalosa, una laderona, y bajas por ella hasta llegar al "callejón Gringo".

Allá están los tres amigos con dos chicas francesas, Celine e Isabelle, hablando sobre el paseo del día siguiente a Machu Picchu. Hay dos posibles rutas para llegar allá. Escoge una:

a Ir con Alicia, Hans y Sofía en tren hasta Aguas Calientes, y subir en un microbús hasta la cumbre donde está la Ciudad Perdida. Eso dura unas 4 horas en tren y media hora para subir la montaña. Después de conocer las ruinas, volver a Cusco recorriendo el Valle Sagrado del río Urubamba y visitar el pueblo de Ollantaytambo, construido por los incas, las ruinas de Pisac, Chinchero y Moray-Maras. [Ve a la página 40 (2)].

b Ir con un grupo de turistas, entre ellos las dos francesas, por el Camino Inca, de 42 kilómetros, hecho de piedras, que los propios indios hacían a pie para llegar a Machu Picchu cruzando ruinas entre selvas y nevados de la cordillera de los Andes [Sigue la lectura (1)].

Adorno funerario, hecho en plata (siglos XV y XVI).

1 Poco se sabe de Machu Picchu, más allá de sus templos, misterio y magia. Lo es más aún sabiendo que los incas no dejaron nada escrito. Hay indicios de que la Ciudad Perdida de los incas haya sido un centro religioso. Y hay evidencias también de haber sido un importante campo de observación astronómica. Fue descubierta en 1911 por el explorador americano Hiram Bingham, en completo abandono. Nada de valor fue encontrado allí —ni oro, ni joyas o piedras preciosas. Se cree hasta que haya sido abandonada cerca de cincuenta años antes de la llegada de los conquistadores españoles al Perú en el siglo XVI.

Detalle de arquitectura de Machu Picchu.

Celine e Isabelle te acompañan a la agencia de viajes para reservar tu boleto. Luego van al hostal contigo y te ayudan a empacar lo indispensable para hacer el paseo. Aquí tienes una lista de objetos necesarios pero hay un intruso. Identifícalo: **21**

repelente para insectos   botella de agua   navaja
papel higiénico   impermeable   protector solar
móvil   manteca de cacao   esterilizador de agua
sombrero   abrigos   guantes
gafas oscuras   linterna
encendedor   carpa   bolsa de dormir

Al terminar, estás rendido. Todos necesitan dormir largo y tendido, pues mañana saldrán bien temprano; entonces se despiden y te acuestas pronto.

Jarrón de plata en forma de cabeza con nariz aguileña (siglos XV y XVI).

Al día siguiente un microbús alquilado te recoge en el hostal. El primer dia del Camino Inca empieza con mucho sol. Todos están muy eufóricos, ves a las chicas y te sientas a su lado. Son en total 15 personas. Hay gente de varios lugares del mundo y de todas las edades. El microbús se dirige hacia el inicio del Camino. Son dos horas de viaje hasta el punto de encuentro con los guías, los cocineros y las mulas que cargarán los equipajes. De la ventanilla, ves las cumbres nevadas de los Andes. "Beautiful, beautiful", repite encantada una señora estadounidense a tu lado. Cuando llegan, son recibidos por unos muchachos vestidos con ruanas coloridas. Serán ellos los que armarán y desarmarán las tiendas de dormir.

Comienzan todos a caminar. El camino empieza suave, y así siguen por dos horas, encantados por el paisaje que cambia a cada instante. Esto porque siempre hay una niebla pesada que lo cubre todo a su alrededor, dando la impresión de que andan sobre las nubes. Paran para el almuerzo y vuelven a andar. De lo alto de una cima, vislumbran unas ruinas: las de Llactapata, allá abajo, cerca del río. El guía les explica que los incas construían terrazas en las laderas de las montañas para poder cultivar su alimento.

Al atardecer del primer día se larga un aguacero. Llegan completamente agotados y empapados al campamento armado entre las ruinas de Wayllabamba, a 3 mil metros de altura. Al primer indicio de que la cena iba a ser servida se vuelve a animar el grupo. Devoran ávidamente toda la cena: trucha asada, pescada en un arroyo cercano, con plátano maduro. Luego se acuestan.

Aquí tienes el relato del primer viajero moderno que vio por primera vez Machu Picchu, Hiram Bingham, que a los 35 años se lanza a la aventura de descubrir esa ciudad fantástica después de leer unos escritos de uno de los últimos gobernantes incas, lo que lanzaba pistas sobre la ubicación de Vilcabamba, como era llamada por los indios. Hiram enseñaba Historia en la Universidad de Yale cuando tuvo la oportunidad de ir al Perú para estudiar historia, botánica y geografía. Se entusiasmó tanto que organizó una expedición financiada por Yale y por algunos de sus ricos condiscípulos.

Organiza los siguientes párrafos de la historia: **22**

a explorar las montañas. Las grandes alturas y las pocas y difíciles carreteras habían

b desanimado a muchos viajeros. Como había sido abierta una ruta nueva dos años

c Bingham salió de Cusco con sus compañeros de viaje para

d antes a lo largo del río, Bingham no se desanimó. Su guía era el río Urubamba, que corta un profundo cañón en medio de la selva amazónica.

Estatuilla de plata. Hombre con orejas alargadas

El segundo día del camino empieza con un balde de agua caliente y un café que los anima para enfrentar el próximo desafío: la subida hasta Warmiwanusqa, que en quechua significa "el Pasadizo de la Mujer Muerta", situada a 4200 metros de altura. Una jornada bien difícil para quien no está acostumbrado a caminar ni a subir escaleras, por eso hay que hidratarse bien y tomar té caliente, que ayuda a soportar la altura. Tus amigas y tú caminas adelante, junto a un joven tailandés acostumbrado con los paisajes tropicales, que abundan en su país.

Encuentran pájaros, flores y plantas exóticas que le dan un aire tropical al paisaje andino, pero la distracción les dura poco, pues han llegado a la terrible ladera que tendrán que escalar para llegar a la cima.

Siguen lentamente, contando los pasos, con paradas rápidas para descansar. Es la única forma de llegar al Pasadizo de la Mujer Muerta, llamado así porque su silueta se parece a la de una mujer acostada.

Alcanzan la cima con las piernas pesando una tonelada y los pulmones ardiendo. Te sientas en una piedra para descansar y disfrutar aquella inmensidad, mientras todos esperan al resto del grupo.

Las chicas sonríen. No hay necesidad de decir nada. Se sienten todos en la cima del mundo. Luego empiezan a bajar la inclinada ladera, con las piernas temblando, hacia el campamento Pacaymayu. Ha sido un día muy feliz y así duermes arrullado por ese sentimiento.

Completa con las siguientes palabras la impresión que tuvo Bingham en la montaña: **23**

rápidos	verticales	selva	mundo
helechos	precipicios	picos	nubes

"No conozco ningún lugar en el (a) _____ que pueda compararse con este en la variedad de sus encantos y en el poder de su evocación. No solo tiene sus grandes (b) _____ nevados que gravitan por encima de las (c) _____ a más de tres kilómetros sobre nuestras cabezas, sus gigantescos (d) _____ de granito multicolor que se alzan casi (e) _____ a miles de metros por encima de los espumeantes, resplandecientes y rugientes (f) _____, sino que, en un sorprendente contraste, también posee orquídeas y (g) _____ arborescentes, la detectable belleza de la lujuriante vegetación, y el misterioso embrujo de la (h) _____".

Jarrón de cerámica en forma de jaguar (Siglo XV).

Al tercer día el grupo se despierta asustado con una tormenta de granizo. Sin embargo, todos están satisfechos por haber vencido la etapa más difícil del camino. Esperan más de una hora hasta que escampe y puedan volver a la senda.

El tema de la conversación es la escalada del día anterior. Para tí ha sido un triunfo saber que no has llegado cargado como a muchos que, sin suficiente entreno físico, se han arriesgado a hacerlo.

Todos charlan en inglés, francés, español y hasta por mímica se comunican. La charla para cuando escampa del todo y vislumbran la hermosura del valle de Pacaymayu, adornado con copos de nieve por todos lados y de pronto cubierto por un increíble arcoíris. Otra sorpresa los espera: las ruinas de Sayaqmarka, la más bella obra de ingeniería de todas, según dicen.

Toda la gente ya se conoce. Invitas a tus nuevos amigos a conocer el sur de Bahia, en Brasil, y ya has resuelto que en julio del próximo año estarás en París y, en otro espectacular viaje de vacaciones, irás a Tailandia.

Para culminar la noche, cenan en la cumbre de una montaña muy alta al lado de las ruinas de Phuyupatamarca.

Puerta del Sol de la fortaleza de Sacsayhuamán.

Siguiendo el relato del viaje de Hiram Bingham, completa los inicios de las frases con sus respectivos finales: **24**

Inicios

1. Bingham supo de la existencia de las ruinas incas de un tabernero local y por un dólar...

2. Sus compañeros de viaje se desanimaron al oír la historia y...

3. Tuvieron que atravezar, debajo de llovizna...

4. Solo había una forma de andar sobre el puente...

5. No bastasen esas dificultades, tuvieron que arrastrarse cuesta arriba,...

Finales

a arrodillado, y así lo hizo Bingham, mientras los otros, más expertos, lo hacían descalzos.

b lo abandonaron con su guía tabernero y un escolta.

c esquivando rocas resbalosas y rezando para no encontrarse con alguna venenosa serpiente mapanare, hasta que llegaron a una choza donde el tabernero se quedó y en su lugar un niño de 10 años se ofreció para servirles como guía.

d lo convenció a acompañarlo a aquella montaña, no sin antes anotar en su bloc dos nombres que le habían llamado la atención: Huayna Picchu y Machu Picchu, que eran los dos picos dominantes en la región.

e un improvisado puente de troncos largos y finos, atado con lianas y nada seguro, que atravezaba el Urubamba.

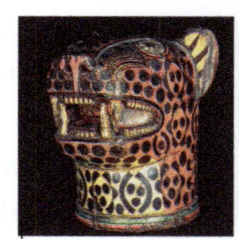

Cabeza de tigre en maderna pintada (1440-1532).

En la mañana del último día, un halcón viene a visitar el campamento y piensas si eso no sería una señal del gran día. Su vuelo los deja a todos ansiosos. Enseguida, ingresan a la selva hasta que llegan a las ruinas de Intipata y después a las de Winawayna, un santuario que es una especie de portal de la Ciudad Perdida. Por allí vislumbran un restaurante y un baño. ¡Increíble! Algo que nunca se imagina encontrar en un lugar como aquel.

Ya a nadie le importan esas comodidades de la civilización. Lo único que piensan es en comer y seguir adelante.

Sigues sacando fotos con tu cámara digital a todo lo que encuentras por el camino. Topan con unos peldaños que llevan a Intipunku, o Puerta del Sol, a solo unos cuantos metros de Machu Picchu.

Entonces es como si un telón se abriera para revelarte una de las más lindas maravillas del mundo. Únicamente el silencio puede rendirle un justo homenaje. Ves uno a uno de tus compañeros llorando.

Acompaña a Bingham en su descripción:

"De pronto me hallé frente a las paredes de casas en ruinas construidas con piedras en el más fino estilo inca. Resultaban difíciles de ver porque estaban parcialmente cubiertas con árboles y musgo crecidos a lo largo de siglos, pero en las densas sombras, ocultas entre bosquecillos de bambú y marañas de enredaderas, aparecían aquí y allá paredes de sillería de granito formadas por piedras cuidadosamente talladas y exquisitamente encajadas unas con otras. Parecía como un sueño increíble".

Ustedes pasan toda la tarde conociendo las ruinas y después vuelven a Cusco en el tren que parte de Puerto Ruinas, en la base de la montaña. La vuelta dura 4 horas. Al llegar están exhaustos. Aprovechas y compras en la estación el boleto para ir a Puno el día siguiente. Te acuestas temprano. Ir a la página **51** **5**.

3 Relaciona estos lugares de las ruinas de Machu Picchu con su definición exacta: **25**

Puerta de la Ciudad	Intihuatana
El Torreón Plaza Sagrada	Plaza Central
Roca Sagrada	Huayna Picchu

a Estructura semicircular que se parece a una fortaleza medieval también llamada Templo del Sol.

b Especie de reloj que servía para marcar las estaciones del año; también lo llamaban "Poste de Amarrar el Sol".

c Centro religioso rodeado de templos.

d Permite la entrada al extremo sur.

e Separa las principales áreas religiosas del sector residencial.

Escultura que representa la escena de un parto.

f El perfil de la piedra forma el respaldo de un banco y reproduce el dibujo de la montaña que está delante.

g También lo llamaban Pico Joven, tiene una vista maravillosa y peldaños tallados en la piedra. Ir a la página **42** **4**.

2 El tren a Machu Picchu sale de la estación de San Pedro, cerca del Mercado. Ustedes van hacia allí para informarse de los horarios de partida, la duración del viaje, el precio del boleto y cómo volver por el valle del río Urubamba.

Ordena el diálogo que tienes en la taquilla del tren: **26**

a El tren local cuesta 6,50 dólares, sin la entrada y el transporte a las ruinas, y el tren turístico cuesta 65,00 dólares, con la entrada y el transporte, además del almuerzo.

b De nada.

c ¿Cuánto cuesta el boleto?

d Tienen que bajar en la estación de Ollantaytambo, donde podrán recorrerlo en bus o alquilando un coche.

e El tren local sale entre las 6:00 y las 6:15 de la mañana y el tren turístico sale a las 7:00.

f Buenas tardes.

g ¿Cuánto dura el viaje?

h Buenas tardes, queríamos una información. ¿Cuáles son los horarios de salida del tren a Machu Picchu?

i Lleva 4 horas hasta la estación Puerto Ruinas, que es la última.

j ¿Cómo se va al valle del Urubumba?

k Gracias por la información.

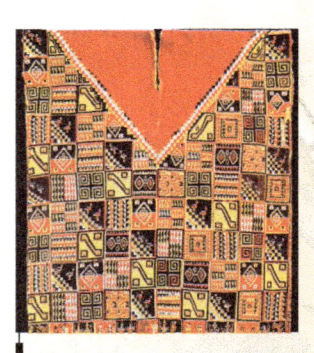

Poncho inca en lana con grafismos (c. 1500).

Deciden entonces comprar el paquete turístico. Te despides de tus amigos y vuelves al hostal para descansar.

Al día siguiente el tren parte de la estación, serpenteando las montañas. Lo que más te llama la atención son las terrazas agrícolas que ves por todo el camino.

Vas a leer un texto sobre esas terrazas o *andenes*. Encaja las palabras sueltas: **27**

escaleras	piedras	pájaros	terreno	canales	maíz

Estos andenes tenían entre un metro y medio y cuatro de alto y su anchura dependía del (a) _____, de su inclinación y de otros factores. Mientras subían más estrechos quedaban, y allí los indios podían plantar unas hileras de (b) _____ o de verduras. Eran hechos de (c) _____ (iguales a las que usaban para construir sus palacios) e inclinados un poco hacia atrás, para soportar el peso de la tierra que los trabajadores dejaban caer, trayéndola en cestos sujetos a sus espaldas. Usaban *guano* (excremento de (d) _____) traído de los gallineros de las islas de la costa, pues en la región no se producía. Como la altura entre las terrazas en algunos lugares llegaba a ser casi como de la altura de una casa de un piso, ellos construían (e) _____ o clavaban losas de piedra en los muros. El agua para la irrigación era traída de los glaciares de las montañas por (f) _____ cavados a lo largo de las terrazas.

Jarrón inca de terracota en forma de cabeza de guerrero.

Al llegar a la estación Puerto Ruinas los espera un microbús que los sube por una carretera zigzagueante hasta la cima de la montaña a 700 metros. Eso lleva una hora y media. Al bajar del microbús, algo extraordinario ocurre: Machu Picchu se revela. Ir a la página **39** **3**.

4 Despúes de pasar toda la tarde en las ruinas toman el microbús de vuelta. Llevan 40 minutos para bajar la ladera hasta Puerto Ruinas.

El pueblo más cercano, Aguas Calientes, está a 2 kilómetros. Saben que allá hay unas aguas termales, deciden ir caminando por un pequeño sendero. Está anocheciendo. Muy agotados, quieren descansar, pues conocer las ruinas requiere un buen estado físico. Han subido y bajado muchas escalas.

Al llegar se hospedan en el Hostal Machu Picchu, cerca del ferrocarril, con una linda vista del río Urubamba. El hostal es limpio, tiene agua caliente y cuesta 2,40 dólares por persona. Después de reservar las habitaciones, van a las aguas termales, que funcionan hasta las 8 de la noche y están a unos 10 minutos a pie. Allí pagan 1 dólar para relajarse. Después cenan allá arriba en un restaurante llamado Huayna Picchu.

Al día siguiente se levantan temprano, pues quieren coger el primer tren hacia Cusco para bajarse en la estación Ollantaytambo.

A continuación hay una serie de informaciones sobre Ollantaytambo. Una de ellas es falsa. ¿Cuál es? **28**

a Está ubicado al norte de Cusco, en las riberas del río Urubamba. Su nombre, Ollantaytambo, significa "el lugar de descanso de Ollanta".

b Los andenes o terrazas que se avistan del pueblo formarían el cuerpo y las patas de un animal común en la región, el caballo; y el Templo del Sol, su cabeza.

c Ollanta fue un valoroso guerrero en el imperio inca que se enamoró de una princesa, pero su amor era prohibido, porque él no pertenecía a la clase real.

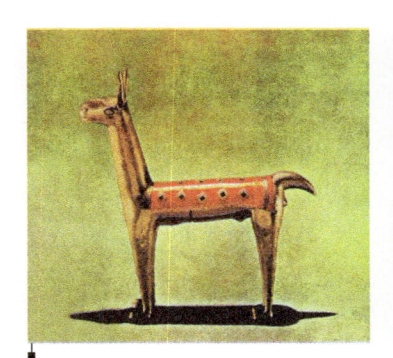

Estatuilla de plata en forma de llama (después de 1438).

Bajando en la estación se enamoran a primera vista de ese pueblecito encantador. Las casas han sido construidas sobre cimientos incas y todo alrededor remonta al Imperio. Hay vestigios de eso por todos lados: en las calles (de piedra), en las plazas, en los canales de agua, en los muros inclinados, en las terrazas, en las puertas y en las ventanas de sus ruinas.

Deciden hospedarse en algún hostal del pueblo para conocer los alrededores. En El Albergue, encuentran un ambiente bastante tranquilo, con sauna y jardín (de 5 a 7 dólares). También les preparan allí la comida. ¡Perfecto!

Cusco por la noche.

Después del almuerzo, inician la caminada. Se dirigen hacia los andenes en las montañas, 17 en total, que en la época estuvieron adornados con flores y objetos de oro y plata. El lugar es un extenso complejo arqueológico compuesto por fuentes ceremoniales, largos muros de piedras de fino pulido, ventanitas y puertas trapezoidales, al estilo inca, y el Templo del Sol, compuesto por gigantescas piedras talladas. En la ladera de una colina, les llama la atención, además de los andenes, unos edificios que pudieron haber servido como almacenes o depósitos militares. Situados unos encima de los otros, parecen estar flotando en la montaña tal la perfecta armonía con el medio ambiente que los rodea. El cerro donde están se llama Pincuylluna y en él se distinguen perfiles de cabeza humana.

Pasan toda la tarde en los alrededores y vuelven al hostal. Por el camino observan la población local, en sus actividades cotidianas, sembrando la tierra con arado arrastrado por bueyes, como lo hacían sus antepasados, las mujeres con sus niños en la espalda, trabajando junto a los hombres. Por las calles, repentinamente oyen unas campanitas: un hombre, su hijo y su rebaño de llamas adornadas con cintas coloridas en el pescuezo y pequeñitas campanitas que anuncian su llegada estrepitosa. Reverentemente le abren paso al sorprendente cortejo.

Venta de artesanía.

Las "ovejas peruanas", como eran llamadas por los españoles, "del tamaño de un ciervo grande, con largos cuellos como camellos", son de tres especies diferentes: la **llama**, la **alpaca** y la **vicuña**.

Identifica cuál corresponde a cada definición: **29**

a Tiene tan solo noventa centímetros, demasiado pequeña para ser bestia de carga. Es apreciada por su denso y suave pelaje.

b El más pequeño de los tres animales, es encontrada solo en estado salvaje. Proporciona una lana de lujo.

c Mide un metro y veinte. Es usada como animal de carga y puede llevar hasta 50 kilos de carga a más de 30 kilómetros en un día.

Estatuilla de llama, alpaca y mujer, hechas en plata.

En el hostal, a la cena, Hans sugiere que alquilen un coche.

"Sí, para conocer Moray-Maras, Chinchero y Pisac, las ciudades que rodean el Valle Sagrado de los incas", dice Alicia.

"Sí, sí, vamos", se entusiasma Sofía.

"Yo tengo carné de conducir", dice Hans.

La tienda de alquiler de coches está al lado de la iglesia. Al día siguiente alquilan un campero.

Salen temprano y recorren el largo valle que el río Urubamba forma entre Pisac y Ollantaytambo. Para los incas ese valle era sagrado porque creían que el río se unía a la Vía Láctea, que era el río celestial. Notan que el río no es sinuoso cuando pasa por el valle, sino recto; es porque los incas también alteraban el paisaje para su provecho, cambiando el curso del río e incluso la inclinación del suelo para producir más áreas planas y cultivables. Las ruinas que van a visitar son santuarios donde se adoraban y veneraban a sus dioses y a las constelaciones que influían en el clima, afectando así la agricultura.

En Moray-Maras encuentran curiosos andenes circulares que van bajando en profundidad como conos a cada 10 metros, o sea, desde arriba hasta el fondo. La variación de temperatura es tal, que se puede pensar en un centro experimental agrícola donde en cada terraza se cultivaba algún tipo de alimento que se adecuara a hasta 20 zonas climáticas distintas.

También en Maras visitan unas minas de sal que aún son explotadas por la población local como lo hacían sus antepasados. En Chinchero visitan un complejo religioso, político, administrativo y militar de los incas por donde pasaba un sendero que iba a Machu Picchu.

Atardeciendo regresan a Ollantaytambo. Su plan es dormir allí otra noche y al día siguiente salir hacia Pisac y Cusco.

Amanece con un sol resplandeciente. Pisac está a la derecha del río y es la que tiene las ruinas más bien conservadas, pues las construcciones que allí observan son en el mejor estilo inca. Parece que algunos edificios sirvieron de vivienda del Sapa Inca o de sus sacerdotes. Primero visitan la fortaleza en la cima de una montaña de donde se tiene una visión global del valle. Hay una serie de murallas inclinadas hacia dentro que protegen las otras edificaciones.

El santuario tiene muchas habitaciones. Ustedes cuentan siete de forma rectangular, y por la calidad de sus piedras finamente pulidas deducen que allí pudieron haberse albergado los dignatarios incas y sus sacerdotes. Al final hay un edificio principal con un muro recto y otro curvo donde, a través de una puerta hermosísima, se vislumbra el Valle Sagrado.

Culminan la visita pasando por unas fuentes de carácter religioso unidas por unos acueductos. En el pueblo van al tradicional mercado donde los habitantes intercambian sus productos agrícolas: papas, zanahorias, arracachas, verduras y hortalizas, y allí almuerzan en un restaurante típico.

A mediados de la tarde siguen hacia Cusco donde devuelven el coche y aprovechan para visitar la Iglesia de San Francisco, en la plaza del mismo nombre. La iglesia, construida sobre andenes incaicos desde 1549, tiene enormes cuadros con pinturas representando la vida de San Francisco de Asís. Hans te muestra algo que le ha llamado la atención: en dos criptas hay frases formadas con huesos humanos, que recuerdan a los visitantes el carácter transitorio de la vida. Las chicas salen asustadas de allá.

Está anocheciendo. Deciden cenar entre paredes incas en el Restaurante Paititi, que presenta un espectáculo musical durante la noche. Hans aprovecha la cena —conejillo de Indias asado— a la luz de las velas para contar historias de momias:

Una calle de Cusco.

"Pachacuti instituyó una práctica llamada *panaca*, que era el grupo familiar formado por los descendientes masculinos de un emperador que no ganaban la susceción al trono. Las riquezas acumuladas por el padre no se las perdían; después de su muerte, las controlaba el *panaca* para sostener a los familiares. La momia del anterior Sapa Inca y su coya son los que lideran de forma simbólica el *panaca*".

Relaciona los inicios con los finales correspondientes: **30**

Inicios

1. Los cuerpos eran clavados sobre tronos en el palacio y conservados mediante un desconocido sistema...

2. Eran atendidos como si aún estuvieran vivos. Los sirvientes les ofrecían comida y bebida e incluso les espantaban...

3. A menudo, todas las momias reales eran reunidas en la plaza central de Cusco, sentadas en hilera según su antigüedad, y, con...

4. El brindis de los cuerpos muertos...

5. Los ancianos sacaron a escondidas las momias reales de la ciudad, antes...

Finales

a las moscas. Los emperadores muertos —llevados en literas— se visitaban, así como lo hacían los incas vivos y sus gobernantes.

b lo efectuaban en su nombre sus ayudantes.

c de secado donde se usaban hierbas; eran envueltos en capas de fino algodón; se les vestía con lujosas indumentarias.

d vasitos de chicha, "los fallecidos brindaban entre sí; brindaban por los vivos, y viceversa".

e de que llegaran a Cusco los conquistadores, y durante años los españoles las buscaron, para encontrar el oro que, se decía, estaba oculto con ellas.

Máscara de momia inca, hecha en oro (siglos XIII-XV).

Despúes de la cena te despides de tus amigos y te vas a cama. Mañana irás al Museo de Arqueología a ver las momias.

Al día siguiente, después de desayunar tarde, vas a pie al museo, que está en la esquina de la calle Tucumán con la calle Ataúd. Al entrar, te maravillas con lo que encuentras: trabajos en oro y plata, joyas, cerámicas, textiles, jarrones incas y, ¡claro!, momias. También visitas el Museo de Historia Regional, que exhibe muebles y pinturas en orden cronológico.

Recuerdas que mañana vas a Puno, un pueblo al lago Titicaca. Allá conocerás a los uros, una comunidad que vive en unas islas flotantes hechas a base de un vegetal en el lago Titicaca. Entonces, al salir del museo, vas hacia el Mercado de San Blas a comprar algunos suéteres, gorras y guantes para aguantar el frío en el lago más alto del mundo. Encuentras una infinidad de vestuario hecho con lana de alpaca, de la mejor calidad, y lana de llama a precios bajos.

Vas a la estación de tren, que queda al final de la avenida del Sol, y compras el boleto para el día siguiente a las 8 de la mañana. Vuelves al hostal extenuado y duermes profundamente.

5 Al día siguiente embarcas en el tren en un viaje que llevará de 10 a 12 horas hacia Puno, que está a orillas del lago Titicaca. Por algunas horas el tren bordea el lago que más bien parece un mar, pues nunca le consigues ver la otra orilla.

Aquí tienes algunas informaciones sobre el lago. Completa el texto con las siguientes palabras: **31**

> tribu   habitantes   lago   construcciones
> localizado   pantanosos

Con 170 kilómetros de extensión, el lago Titicaca es el más grande de América del Sur y es también el (a) _____ navegable más alto del mundo. Está (b) _____ a una altura de 3820 metros, en la frontera entre el Perú y Bolivia. En el lago, a 6 kilómetros del puerto de Puno, vive la (c) _____ de los uros. Los uros viven en (d) _____ flotantes hechas de *totora*, un junco que crece en los terrenos (e) _____ del lago desde hace muchos siglos. Se cree que esa fue la forma que encontró esa tribu de aislarse de los incas y de los collas. Se calcula que actualmente haya unos 300 (f) _____ viviendo en 40 islas flotantes.

Adorno de cabeza (1400-1532).

Llegas a Puno y te hospedas en el Hostal Europa. Luego cenas. Mañana te espera el lago y sus misterios.

Al día siguiente vas hacia el muelle desde donde salen las lanchas a las principales islas en un paseo que dura 4 horas. En medio de la mañana el sol intenta todavía esconderse detrás de las espesas nubes blancas. Y lo que se ve es la inmensidad azul del lago, que parece inundar y deslumbrar los ojos con su brillo.

El viento cortante hace aumentar la sensación de frío. Aunque estés completamente abrigado, sientes los pies congelados y casi no consigues moverte, apretado entre los turistas en la lancha que lentamente se acerca a las pequeñas islas, que son hechas por los propios habitantes. Se bajan en una de ellas, llamada Santa María, toda adornada de banderitas peruanas.

Los niños saltan y gritan para saludar a los turistas. Tienen las mejillas rosadas y las manos sucias y son muy alegres. Enseguida surgen las mujeres, salidas de sus chozas, todas amontonadas y de una sola habitación. Vienen a ofrecerte sus telas multicolores, las que pasan tejiendo todo el año para vendérselas a los turistas cuando llegan las lanchas.

El lago Titicaca.

Entre estas afirmaciones hay una falsa. Encuéntrala: **32**

a En la época inca muchos participaban desde la manufactura hasta el trabajo artístico de las telas. Empezaba por el cultivo del algodón y el que era recogido de las llamas, alpacas y vicuñas.

b Antes de ser tejidas, las fibras eran lavadas, peinadas, teñidas e hiladas.

c Todo el mundo usaba túnicas sencillas de algodón de alpaca, llamadas *huascas*, pero para el emperador y la nobleza eran reservadas las telas más finas hechas de vicuña, llamadas *cumbis*.

d Las túnicas reales eran adornadas con lentejuelas de oro porque ese metal era lo más importante para los incas.

e Las túnicas eran teñidas y tejidas con sofisticados dibujos geométricos bien elaborados y en una amplia gama de tonos coloridos.

Jarrón de terracota, en forma de guerrero (300-800).

Les pides a los niños para posar para la foto y todos aceptan. Cuando la sacas, ves un montón de manos estiradas, pidiéndote una propina. Buscas y encuentras en los bolsillos unas cuantas monedas, que repartes entre ellos mientras otros turistas les ofrecen a los niños mandarinas, un bien muy apreciado por ser escaso en esas alturas.

Es de una belleza rara aquel lugar. La sensación de soledad es contagiante, todo está hecho de *totora*: las casas, la escuela, los barcos, todas las islas.

Agachado junto a la entrada de una choza está un hombre viejo de sombrero blanco y roto con una manta vieja. Intentas acercarte, andando con cuidado sobre el suelo húmedo que se te hacen hundir los pies a cada paso. El viejo te saluda con un movimiento de cabeza y sigue con los ojos fijos en el horizonte. Él es como una especie de líder del pueblecito flotante. Te explica como hacen las islas tejiendo las raíces del junco hasta formar una capa dura llamada *khili*, sobre la que se construyen las chozas. Te cuenta que muchos de los habitantes del lugar pasan largas temporadas lejos, pero que siempre vuelven porque "este es el lugar que heredamos de nuestros ancestros. Este es nuestro lugar".

Mientras charlan, llegan los pescadores, para la alegría de todos. Aquel había sido un buen día, pues aparecieron muchos peces en las redes, lo que ya no es tan común como antes.

Piensas que has traído suerte y piensas en la majestad de esta gente que ha conseguido sobrevivir a un medio tan hostil. La lancha arranca y después de recorrer otras islas vuelven a Puno.

Te acuestas temprano porque al día siguiente el tren a Cusco sale a las 7:30.

Cuando llegas a Cusco, vas a una compañía aérea para comprar el billete que te llevará a tu último destino, Nazca, un pueblecito perdido en medio del desierto. Allí verás las gigantescas líneas que forman figuras en la pampa desértica y que solo se pueden ver desde el aire.

Ordena los párrafos con relación a Nazca: **33**

a a la cultura nazca (100 a.C.-600 d.C.). Entre Nazca y Palpa hay líneas pertenecientes a

b fueron hechas entre 300 a.C. y 800 d.C. Pertenecen en su mayor parte

c la cultura de los paracas e incluso de los incas, abarcando un período de más de dos mil años.

d desarrollada por el científico norteamericano Paul Kosok y la matemática alemana María Reiche, es que fuera un calendario

e Está comprobado científicamente que las famosas líneas llamadas de geoglifos

f astronómico ya que los nazcas consideraban las constelaciones como creadoras de fenómenos naturales sobre los cuales podían influir por medio de cultos y sacrificios.

g Hay algunas teorías que intentan explicar el significado de estas líneas. Una de las más aceptadas hasta el momento,

Collar y pendiente en forma de llama, hechos en oro.

Antes de aterrizar, ves que la monotonía del desierto se rompe al ver un oasis verde. Es Nazca.

Te hospedas en el Hotel Nazca, de la familia Fernández, quienes organizan excursiones. Pagas 2,50 dólares por la habitación y después del almuerzo haces uno de los paseos más interesantes: visitas el Cementerio de Chauchilla, donde en dos horas y media ves cuerpos momificados con la cabeza cubierta por máscaras de plumas.

También ves acueductos que filtraban el agua que baja de la cordillera de 3 a 6 metros abajo de la tierra para conducirla a reservatorios y que todavía son usados por la población.

De vuelta a Nazca visitas el Museo Antonini, donde te maravillas con la cerámica, los tejidos y el arte plumario.

Por la noche, después de la cena, vas a la casa de María Reiche y asistes a una muy interesante conferencia sobre las líneas y las figuras dibujadas en el desierto. Después, en el planetario, examinas el universo por los telescopios. Al volver por las calles del pueblecito, una cobija de estrellas y galaxias cubre todo el horizonte —180 grados de Vía Láctea. Con ese paisaje espectacular hasta ovnis pasan por encima de tu cabeza, en tu imaginación y en la de muchos que elaboran teorías de visitas de extraterrestres según las cuales las líneas serían sus "pistas de aterrizaje".

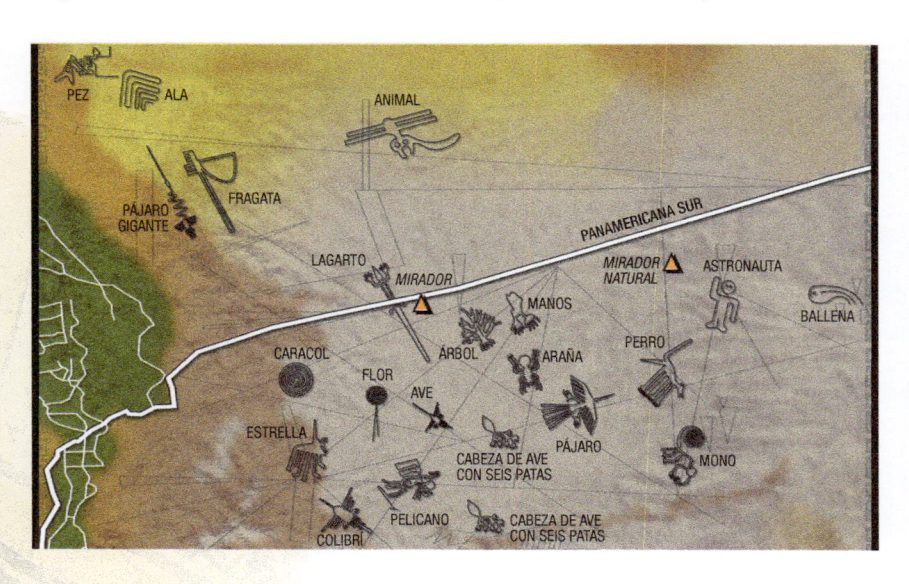

Al día siguiente, la avioneta despega y tú y un pequeño grupo de turistas vuelan encima de la pampa.

Geoglifo del Astronauta, Nazca.

Aquí hay algunas de las figuras que han visto, pero hay un intruso. ¿Cuál es? **34**

llamas	mono	alcatraz	avión
araña	cóndor	flor	árbol
colibrí	perro	manos	ballena

El paseo dura una hora y cuando aterrizan y pisas el suelo de Nazca ya no eres el mismo. Vuelves a Cusco ese mismo día al anochecer. El dia siguiente será el último en el Perú.

Jarrón en terracota, en forma de hombre portanto piel del ciervo.

Amanece y te levantas tarde. Después del almuerzo vas hacia la cuesta San Blas, un lugar alto de la ciudad, y te sientas en una plaza para apreciar la vista.

Recuerdas lo que aprendiste sobre la conquista del Perú en tus clases de Historia e imágenes surgen como en un cine: ves una ciudad con aire de nobleza, un Imperio poderoso que conquistó todos los pueblos y tribus andinos, desarrollando sus propios y exitosos modelos de administración y planificación que jamás se hayan visto, sobreviviendo a extremos geográficos y geológicos, soportando la dureza de vivir a grandes alturas y a los terremotos que sacuden la tierra, venciendo el desafío de la sequía, del frío y del viento, originando una de las culturas más ingeniosas y creativas del mundo.

Ves a dos hermanos incas, Huáscar y Atahualpa, a principios del siglo XVI, luchando por el poder un poco antes de la llegada de los españoles, lo que ocasionó una sangrienta guerra civil que, junto con la viruela, diezmó a buena parte de la población.

Ves a muchos europeos invadiendo el continente detrás de sus riquezas de oro y plata, uno de ellos de nombre Francisco Pizarro —un hombre aventurero y ambicioso que, en 1532, organizó una expedición con no más de 200 hombres para conquistar el Imperio del que había oído hablar por el oro que los incas usaban para adornarse, rindiéndole su homenaje a Inti, el dios Sol.

Ves a unos españoles exhaustos pero maravillados con las carreteras, los puentes y los depósitos incas en su marcha a Cusco. Ves a Atahualpa, el nuevo inca, con un ejército de miles de indios, seducido por la aparente amabilidad de los extranjeros, por la inevitable curiosidad despertada por sus armas y armaduras, subestimando su poder de fuego. Y luego la traición, la destrucción, el saqueo.

Pero hay algo que no se destruyó y tú lo sientes, ahora y para siempre, que sus logros y su indestructible voluntad permanecerán en la memoria de quien tenga la fortuna de pisar y conocer esta Pachamama inca.

GLOSARIO

abrochado: abotoado, fechado
alquiler: aluguel
andén: plataforma
ánima: alma, espírito
arquear: arquear, dobrar, curvar
arracacha: leguminosa típica dos Andes
arrinconando: encostando
arrullado: acalentado
ayuno: jejum
bóveda: abóbada
callejón: rua estreita
campero: campestre
cañón: cânion
carretera: estrada
cerro: colina
choza: palhoça
cima: alto
cimientos: alicerces
cobija: manto
cóndor: condor
cuchillo: faca
cumbre: cume
desayuno: desjejum
despegue: decolagem
embrujo: fascinação, atração
ensambladas: unidas, acopladas
escampe: clareie o céu
escupitajo: cuspida
ferrocarril: ferrovia
gentío: multidão, gente
halcón: falcão
helecho: samambaia
hierba: capim, erva
hondas: armas primitivas, fundas

hostal: pousada
hundan: afundam
ingeniosas: habilidosas
jabalinas: dardo
junglas: florestas
lienzo: quadro, tela
litera: liteira
llovizna: chuvisco
losas: lajes
maíz: milho
marañas: emaranhados
muchedumbre: multidão
muelle: cais
netamente: exclusivamente
ombligo: umbigo
orejas: beiradas
panecillos: pãezinhos
peldaños: degraus
pollo: frango
rango: categoria
rápidos: corredeiras
reliquias: relíquias, restos humanos
respaldo: encosto de um assento
ruanas: mantas
salvaje: selvagem
sillería: conjunto de cadeiras
sombreros: chapéus
sujetos: pendurados
taquilla: guichê
tejer: tecer
tendones: tendões
teñir: tingir
trigueña: trigueira, que tem a cor do trigo
ventajas: vantagens

RESPUESTAS

1. c
2. a
3. b
4. b
5. a) mujeres
   b) niños
   c) hombres
6. g, f, b, e, a, d, c
7. 1. b   2. c   3. d   4. a
8. b
9. a) Nacido
   b) conquistador
   c) princesa
   d) costumbres
   e) indígenas
10. c
11. c
12. b. Si sales corriendo los efectos serán peores.
13. h, c, g, b, f, d, a, e
14. a) Oye
    b) está
    c) cerca
    d) Sigues
    e) hasta
    f) nada
15. Purgatorio, b
    Ataúd, a
    Resbalosa, c
16. Qenqo, b. El solsticio está relacionado al Sol.
    Puca Pucara, a. Ofurós son bañeras japonesas.
    Tambomachay, c. Ascensores no existían.

17. 1. c   2. a   3. f   4. e
    5. b   6. d
18. a) frailes
    b) rituales
    c) beso
    d) oro
    e) jardín
    f) Inquisición
19. a) trabajo
    b) hábitos
    c) vestuario
    d) viajes
    e) sociabilidad
    f) amor
    g) familia
20. d, b, e, f, a, c
21. móvil
22. c, a, b, d
23. a) mundo
    b) picos
    c) nubes
    d) precipicios
    e) verticales
    f) rápidos
    g) helechos
    h) selva
24. 1. d   2. b   3. e
    4. a   5. c
25. a) El Torreón
    b) Intihuatana
    c) Plaza Sagrada
    d) Puerta de la Ciudad
    e) Plaza Central
    f) Roca Sagrada
    g) Huayna Picchu

26. f, h, e, g, i, c, a, j, d, k, b

27. a) terreno
b) maíz
c) piedras
d) pájaros
e) escaleras
f) canales

28. b. El caballo no era conocido por los incas. Era la llama.

29. a) Alpaca
b) Vicuña
c) Llama

30. 1. c 2. a 3. d 4. b 5. e

31. a) lago
b) localizado
c) tribu
d) construcciones
e) pantanosos
f) habitantes

32. d. El bien más valioso para los incas eran sus túnicas y no el oro.

33. e, b, a, c, g, d, f

34. avión

SANTILLANA
ESPAÑOL

Dirección: *Paul Berry*
Gerencia editorial: *Sandra Possas*
Coordinación de iconografía: *Ana Lúcia Soares*
Coordinación de *bureau*: *Américo Jesus*
Coordinación gráfica: *André Monteiro da Silva, Maria de Lourdes Rodrigues*
Coordinación de producción industrial: *Wilson Troque*

Proyecto editorial: *Daisy Pereira Daniel/Adriana Feitosa*

Edición: *Daisy Pereira Daniel*
Corrección: *Véra Regina Alves Maselli/Letras e Ideias Ass. em Textos Ltda.*
Revisión: *Letras e Ideias Assessoria em Textos Ltda.*
Diseño gráfico: *Ricardo Van Steen Comunicações e Propaganda Ltda. / Oliver Fuchs*
  (Adaptado por Christiane Borin)
Coordinación de arte: *Christiane Borin*
Captura de fotos: *Carlos Luvizari*
Tratamiento de imágenes: *Rubens M. Rodrigues, Joacir Braga da Silva*
Maquetación: *Cítara Editora Ltda.*
Preimpresión: *Hélio P. de Souza Filho, Marcio Hideyuki Kamoto*
Impressão e acabamento: *Log&Print Gráfica e Logística S.A.*
  Lote: 753707
  Código: 12046303

Aunque se hayan tomado todas las medidas para identificar y contactar a los titulares de los derechos de autor de los materiales reproducidos en esta obra, no siempre ha sido posible. La editorial se dispone a rectificar cualquier error de esta naturaleza siempre y cuando se lo notifiquen.

Embora todas as medidas tenham sido tomadas para identificar e contatar os titulares dos direitos autorais sobre os materiais reproduzidos nesta obra, isto nem sempre foi possível. A editora estará pronta a retificar quaisquer erros desta natureza assim que notificada.

Dados Internacionais de Catalogação na Publicação (CIP)
(Câmara Brasileira do Livro, SP, Brasil)

Gutierrez, Lina
  Pachamama : la tierra madre / Lina Gutierrez. —
1. ed. — São Paulo: Moderna, 2005. — (Lecturas modernas)

Inclui suplemento para o professor

  1. literatura infanto-juvenil em espanhol
I. Título. II. Série

05-2573   CDD-028.5

Índices para catálogo sistemático:
1. Literatura juvenil em espanhol 028.5

ISBN 85-16-04630-3

Santillana Español
SANTILLANA EDUCAÇÃO LTDA.
Rua Padre Adelino, 758, 3º andar — Belenzinho
São Paulo — SP — Brasil — CEP 03303-904
www.santillanaespanol.com.br
2022

Impresso no Brasil

Créditos de las fotos
© Bowers Museum of Cultural Art / Corbis págs. 6 (abajo),
© Esteban Bajo García / CID pág 20.
© Garcia Pelayo / CID págs. 39
© J. C. Kanny / Lorpresse / Corbis Sygma págs. 3, 4, 5, 6 (arriba),
© Juca Martins / Pulsar pág 16.
© Juca Martins / Olhar Imagem págs. capa, 1, 45, 49
© López / CID pág 36.
© Luis Rosendo / Getty Images pág. 15,
© Stefan Kolumban / Olhar Imagem pág 44.
© Super Stock págs. 50, 52,
© The Bridgeman / Keystone págs. 16, 17, 19, 21, 23, 25, 28, 30, 32, 34, 35, 37, 40, 41, 43, 46, 54, 56, 58,
© Werner Forman / Corbis págs. 8, 9, 10, 13, 14,
© Yann Arthus-Bertrand / Corbis-Stock Photos pág 58.